Oscar primi junior

VIVIANA MAZZA

LA STORIA DI MANDELA
RACCONTATA AI BAMBINI

Illustrazioni di Paolo d'Altan

OSCAR MONDADORI

Coordinamento editoriale: copia&incolla s.n.c., Verona
Art director: Fernando Ambrosi
Grafica: Silvia Bovo

www.ragazzimondadori.it

Prima edizione nella collana Contemporanea 2014
Prima edizione nella collana Oscar primi junior giugno 2016
Stampato presso ELCOGRAF S.p.A.
Via Mondadori, 15 - Verona
Printed in Italy
ISBN 978-88-04-66294-5

Nonna Nombulelo è seduta sulla poltrona decorata con i centrini all'uncinetto. Sembra una regina sul trono, ma non ha scettro né corona.

È circondata dai suoi cinque nipoti, che sono abituati a stare sempre insieme. Si sentono più fratelli che cugini e, come pulcini arruffati, stanno l'uno vicino all'altro, per scaldarsi.

«Un'altra storia! Un'altra storia!» esclamano in coro, scandendo le sillabe al ritmo del battito delle mani.

«Raccontaci del cacciatore che si trasformò in un serpente a sette teste» urla Monde, saltando in piedi con tanta foga che quasi fa rotolare la scodella di umvubo, *il porridge di mais con latte acido.*

Anche Nyamelo fa sì con la testa, mentre si scalda vicino alla stufa, entusiasta al pensiero del cacciatore magico.

«Io voglio una storia dell'orrore, una di quelle con i giganti che mangiano i bambini!» Bantu, detto Power, è il più grande e vuole sempre dimostrare di non avere paura.

Solo Tembi tace, seduta sul divano beige con le gambe incrociate nei leggings viola e la chioma gonfia e informe come un cespuglio di rovi. A lei non importa quale sarà la prossima favola, perché la nonna rende magico ogni racconto.

Nonna Nombulelo fa di tutto per mostrarsi severa, ma gli occhi piccoli e neri come bacche mature la tradiscono, sorridendo al posto delle labbra.

«Siete ostinati e capricciosi come il vento...»

La notte è scesa rapidamente e la luna lassù è una zucca gialla matura.

La nonna si sistema gli occhiali sul naso, e basta quel gesto a far capire ai ragazzi che hanno vinto loro.

«Vi racconterò una storia straordinaria. La più straordinaria di tutte.»

Questa è la storia di Rolihlahla.

Nella lingua xhosa, *Rolihlahla* significa "colui che tira i rami dell'albero". Un gran combinaguai, insomma. E mai nome fu più azzeccato.

Ogni giorno, quando i bordi delle colline si tingevano d'oro e la capanna era ancora immersa nel buio, la mamma lo chiamava: «*Vuka,* Rolihlahla! Svegliati!».

Così lui si strofinava via il sonno dagli occhi e sgusciava fuori dalla coperta calda e dalla stuoia stesa sul pavimento.

Ogni giorno, con un fischio acuto, Rolihlahla ordinava alle pecore e ai vitelli di suo padre di uscire dal *kraal*, il recinto davanti a casa. Portava gli animali a mangiare l'erba migliore, quella vicino al ruscello.

Come un condottiero, con un bastone di legno in mano e la coperta ocra sulle spalle, Rolihlahla lasciava che gli animali lo precedessero, in modo da poterli vedere tutti e, quando ogni tanto qualcuno se ne andava per conto suo, lanciava un urlo o un sasso per richiamarlo.

Ogni giorno trovava uno dei suoi migliori amici, Mackson. E mentre pecore, capre e vitelli di entrambi brucavano tranquilli, Rolihlahla e Mackson correvano sull'erba soffice che massaggiava le loro piante dei piedi, con i capelli e le braccia nel vento.

Non si stancavano di esplorare il *veld*, la prateria intorno al villaggio, nemmeno quando d'inverno la terra era dura, secca e nebbiosa.

Le stagioni passavano e tornavano, e loro due crescevano, inseparabili. Come i loro padri, e i padri dei loro padri, Rolihlahla e

Mackson avevano cominciato a fare i pastori a cinque anni. E, anche se ne avevano solo otto, si sentivano esperti come gli anziani.

Era un giorno di dicembre, il mese delle mimose che dà inizio all'estate, quando Rolihlahla e Mackson decisero di esplorare la collina dei pioppi, la più alta di Qunu, l'unica dove crescevano tanti alberi.

I grandi dicevano che era un posto pericoloso, coperto di rovi e infestato dai serpenti, ma questo non li fermò.

Giunti dall'altro lato del fiume che divideva in due la valle, iniziarono a salire su per la collina. A un tratto sentirono dei fruscii.

"I serpenti!" pensarono all'unisono. Quando il sole è alto anche i rettili escono dai loro buchi.

Poi i fruscii si trasformarono in scalpiccii e mormorii. Erano voci di altri bambini. Ridevano e si incitavano a vicenda.

Seguirono quel vociare e li videro: stavano in piedi intorno a un asino e facevano a turno a saltargli su e giù dalla groppa.

Scorgendo le due teste ricce che spuntavano dai cespugli, gli altri bambini invitarono i nuovi arrivati.

Mackson non se lo fece dire due volte: con un balzo montò divertito tra le grida di incoraggiamento, e subito dopo scese con altrettanta disinvoltura.

Rolihlahla pensò a tutte le volte che aveva tentato di cavalcare i vitellini ed era finito a terra. Notando la sua esitazione, gli altri lo stuzzicarono: «Non sarai mica un fifone!».

Rolihlahla non poteva tirarsi indietro. Tenendosi a debita distanza dagli zoccoli, si diede lo slancio con la gamba destra e a forza di braccia, con grande fatica, montò in groppa all'asino.

L'animale, nervoso, cominciò a scalciare, determinato a disarcionarlo. Poi, con la testa china, corse dritto dentro un cespuglio di bacche nere dai rami acuminati. Le spine pungevano le gambe e graffiavano il volto di Rolihlahla, ma lui teneva gli occhi serrati e le dita conficcate nel pelo irto per resistere.

Alla fine l'asino lo gettò a terra in una nuvola di polvere, tra le risate fragorose dei bambini e del suo amico Mackson.

Ridevano così forte che perfino le pecore che pascolavano giù a valle si spaventarono e cominciarono a belare irrequiete.

Rolihlahla non riuscì a guardarli in faccia, e corse via veloce, come se gli fossero spuntate le ali, lasciandosi alle spalle tutti, compreso Mackson. Si sentiva ferito nell'orgoglio.

Seduto su un sasso con il mento sulle ginocchia, solo con la propria ombra, si mise a osservare le formiche che marciavano in ranghi ordinati verso un enorme formicaio.

Passarono le formiche, i minuti e i pensieri.

All'improvviso, Mackson balzò davanti a Rolihlahla e sollevò le braccia. In ogni mano teneva un bastone di legno. Era riuscito a trovare l'amico, e ora voleva distrarlo da quei pensieri cupi.

«Combatti!»

Mackson era un campione di lotta con i bastoni, ma Rolihlahla accettò la sfida e, quel giorno di dicembre, con un colpo secco spezzò uno dei bastoni dell'amico.

Era riuscito a sconfiggere il campione! Era contento come non mai.

Mackson spalancò gli occhi: non ci poteva credere.

Rolihlahla avrebbe potuto ridere di lui. Umiliarlo. Sbeffeggiarlo.

Invece gli venne subito in mente l'episodio dell'asino e pensò a come si era sentito quando tutti l'avevano preso in giro.

D'istinto cercò una radice di *qhobozela* e la porse all'amico. Seduti l'uno al fianco dell'altro, la divisero e la mangiarono a morsi come una mela.

Rolihlahla e Mackson non passavano un solo giorno lontano l'uno dall'altro. E anche se avevano solo otto anni, si sentivano amici da una vita intera.

Una mattina di marzo, il mese dei primi frutti e degli ultimi giorni d'estate, Rolihlahla era seduto sulla sommità di una grande roccia, scura e glabra, ed era chino su uno strano oggetto, piccolo e piatto, appoggiato sulle sue gambe.

Avvicinandosi, Mackson riconobbe una lavagna di ardesia, di quelle su cui si scrive con il gessetto. Quella mattina Rolihlahla sarebbe dovuto andare a scuola, dopo aver portato le pecore al pascolo, ma aveva deciso di restare più a lungo sulla collina.

Non fece in tempo a salutare l'amico che Ludidi, un bambino della sua classe, planò sull'altura, anche lui con la lavagnetta in mano.

«Nelson!» disse con il fiatone rivolgendosi a Rolihlahla. «Mi manda la maestra. Oggi ci sono gli esami!»

A quel tempo in Sudafrica tutti i bambini ricevevano un nome inglese in aggiunta a quello africano, a scuola o quando venivano battezzati.

«Nelson. D'ora in avanti tu dovrai rispondere sempre a questo nome: Nelson» aveva sentenziato la maestra, la signorina Mdingane.

«Corri! La maestra ha detto che verranno anche gli ispettori per controllare.»

L'esame scombinava i programmi di Rolihlahla. Ma in quel momento lui immaginò lo sguardo severo di suo padre e non se lo fece ripetere più.

Lasciò le bestie a Mackson e corse a scuola al fianco del compagno.

Rolihlahla aveva cominciato ad andare a scuola da poco più di un anno. Il suo primo giorno di scuola era stato nel mese dell'erba *mqungu*, a gennaio, nel bel mezzo dell'estate.

Quella mattina il papà l'aveva preso da parte, nella Capanna Grande.

Il papà passava a casa solo una settimana al mese, perché aveva altre tre mogli, che visitava a turno nei loro villaggi. Molti altri bambini avevano padri che lavoravano lontano, nelle miniere vicino a Johannesburg, ed erano costretti a vedere i figli ancora più raramente.

Il papà era severo e non esitava a usare il bastone quando il figlio disobbediva. Quando disse: «Sediamoci insieme un attimo», Rolihlahla si preoccupò. Ripensò in fretta a tutte le sue ultime monellerie, ma nessuna gli sembrava tanto grave da meritare una punizione.

«Figlio mio, da domani andrai a scuola. La scuola è lassù sulla collina.» Rolihlahla aveva guardato in silenzio nella direzione indicata dal dito. «Devi vestirti per bene.» Rolihlahla aveva chinato la testa. Aveva il torso e le gambe nude, indossava solo una fascia di stoffa color ocra intorno ai fianchi.

Il papà aveva preso un paio di suoi pantaloni, li aveva tagliati con cura all'altezza del ginocchio e con uno spago glieli legò intorno alla vita. Era così povero da non potergli comprare abiti nuovi, ma Rolihlahla non ci aveva pensato, anzi, non si era mai sentito tanto importante.

«Ti stanno bene» aveva concluso il padre con un sorriso. E il viso severo si era illuminato mentre si alzava in piedi, altissimo, dritto e solenne.

Con le loro falcate veloci, Rolihlahla e Ludidi arrivarono a destinazione coperti di polvere.

La scuola era una stanza rotonda con il tetto di lamiera anziché di erba secca come le capanne di Qunu. Dentro c'erano già gli altri otto bambini della classe, piegati sui banchi, intenti a fare l'esame di storia. I due ritardatari corsero ai propri posti sotto lo sguardo impaziente della maestra.

A scuola studiavano inglese, lingua xhosa, matematica, geografia... ma era un'istruzione basata sulle idee e sulla cultura dei colonizzatori inglesi, che avevano sconfitto i discendenti dei coloni olandesi per prendersi il controllo di tutto il Sudafrica. Non si raccontava la storia del popolo xhosa, né delle nove guerre che aveva combattuto contro gli europei. Quelle erano le storie che Rolihlahla ascoltava dai racconti di suo padre, di notte, vicino al fuoco.

Spesso, nella sua testa, Nelson si domandava perché la maestra avesse scelto proprio quel nome inglese per lui. Forse per via del grande ammiraglio inglese Lord Nelson?

Lord Nelson aveva perso un braccio a Santa Cruz de Tenerife e un occhio combattendo in Corsica, luoghi che nelle lezioni di geografia stavano imparando a trovare sulla cartina geografica. Poi era morto nella battaglia di Trafalgar, ma era stata la più grande vittoria navale inglese. Era stato un grande leader.

Quel giorno Nelson superò l'esame. Chissà, forse lo spirito del grande ammiraglio Nelson lo aveva aiutato. Anche se era più probabile che fosse merito degli antenati e di Qamata, il grande spirito degli xhosa.

Era felicissimo. Al suono della campana uscì per raggiungere la collina e vedere se Mackson e le sue bestie erano ancora lì.

Lo trovò in piedi, di spalle, una sagoma esile e scura che scagliava sassolini piatti, uno dopo l'altro, sulla superficie della grande roccia e li guardava rimbalzare lontano.

«Ce l'ho fatta» sussurrò sedendosi al suo fianco.

Da lassù si vedevano tante cose. Si vedevano le colline blu allungarsi in lontananza fin dove arrivava l'immaginazione. Si vedevano le capanne rotonde con i muri di fango color verde acqua e su ogni soglia le donne, con il fazzoletto in testa e le lunghe gonne rosso ocra, inginocchiate a macinare il grano sulle pietre. Si vedevano bene anche i tre *rondavel* della madre di Rolihlahla, che brillavano al sole. La prima capanna era per dormire, la Grande Capanna era per cucinare e la terza era la dispensa dove si conservava il cibo.

Il calore aveva lasciato il giorno. Le forme familiari delle colline e delle valli stavano per essere stravolte e fuse insieme nella notte. Era ora di riportare le bestie al *kraal*. Nelson raccolse dal terreno la sua lavagnetta e insieme a Mackson si incamminò giù per la collina insieme alla mandria.

Le storie, come gli uomini, nascono nel buio. E come loro non vedono l'ora di riscaldarsi alla luce del fuoco.

A casa di nonna Nombulelo i bambini devono accontentarsi della stufa.

Nyamelo, freddoloso com'è, non si allonta-

na da lì dall'inizio del racconto. Si lascia cullare dalle parole.

Allora Bantu ridacchia nell'orecchio di Tembi: «Ma secondo te, l'ha capito che questa è la storia di Madiba?».

«Non rovinare la storia!» sussurra Tembi dandogli una gomitata.

Una domenica d'aprile, il mese delle zucche avvizzite, il papà di Rolihlahla gli chiese di andargli a comprare il tabacco per la pipa. Il figlio s'incamminò giù per la valle e poi su per la sua collina preferita.

«Dove vai, Nelson?» gridò un uomo che saliva lentamente la china in quella mattina d'autunno. Era George, il più anziano dei fratelli Mbekela, che si recava in chiesa.

George era un insegnante in pensione, mentre suo fratello Ben era sergente di polizia.

Molta gente del villaggio li guardava con disprezzo perché lavoravano con i bianchi, ma il papà li trattava come amici, anche se lui non credeva in Gesù, ma in Qamata.

«Vado da Bob» rispose Rolihlahla.

Andava nel negozio di Bob Breetzke, l'uomo bianco, che stava proprio dietro la scuola.

Rolihlahla continuò il suo cammino lasciandosi alle spalle un gruppetto di donne con le ceste piene di grano in equilibrio sulla testa. Andavano a venderlo al negozio quando ce n'era in abbondanza. A novembre, il mese delle margherite gialle, invece, molti pastori andavano a vendere la lana appena tosata.

Rolihlahla entrò nello stanzone. Dall'alto del bancone di legno spuntava il mezzo busto del negoziante dalla pelle bianca.

Era stato il primo bianco che Nelson avesse mai visto, e gli era sembrato simile a un dio. Aveva imparato a trattarlo con un misto di timore e di reverenza, come facevano i grandi.

Il negoziante distribuiva pane, tabacco, perline, dolciumi, stoffe, tinture per tessuti, prelevando ogni cosa da inesauribili scaffali alle proprie spalle e qualche volta dal retrobottega.

Al suo turno, Rolihlahla fu servito. «*Ndithenga icuba*. Vorrei comprare del tabacco» disse timido, attraverso la rete metallica che correva lungo tutto il bancone. Il negoziante gli consegnò un pacchetto in cambio di una moneta.

Con il tabacco avvolto in un fagottino di carta, il ragazzo uscì dal negozio e si soffermò a osservare il recinto che lo circondava. Era più alto di lui ed era fatto con una rete di metallo a rombi. Nessuna casa di Qunu aveva una recinzione simile, perché tutti usavano siepi di aloe per delimitare i confini.

A passi lenti Rolihlahla cominciò a camminare lungo la rete. Proseguì fino alla grande casa del negoziante, che sorgeva dietro la bottega. La recinzione circondava tutta la villa con il suo bel giardino, dove spiccava una palma.

Al centro c'era anche una cisterna, perché i bianchi non andavano a prendere l'acqua al fiume, come facevano tutti gli altri, ma portavano il fiume a casa propria.

Nelson non aveva mai avuto molto a che fare con i bianchi, ma aveva sentito tante storie su di loro, gli *abelungu*, che letteralmente significa "schiuma del mare".

Scrutò a lungo la casa degli *abelungu*. Sulla facciata color crema c'era un portico che impediva al sole di lambire la porta d'ingresso. Fu allora che si accorse dei due occhi che lo fissavano dalla penombra.

«*Molo!* Ciao!» gridò subito Nelson con le dita nella rete del recinto. E poi: «*Kunjani?* Come stai?». Nessuna risposta.

Solo quando aveva ormai voltato le spalle per dirigersi verso casa, sentì un rumore di passi dietro di sé. Si girò e si accorse che i due occhi curiosi erano venuti allo scoperto e con essi il proprietario. Un bambino bianco ora stava in piedi a un paio di metri dalla barriera.

Doveva essere il figlio del negoziante. Nelson ne aveva sentito parlare. La gente lo chiamava Nkosana, "il principe".

Nkosana raccolse un sassolino e lo lanciò dall'altro lato del recinto.

"Che strani piedi" pensò Rolihlahla.

A differenza di tutti gli altri bambini, indossava le scarpe. A parte questo, sembrava normale. Voleva giocare.

Nelson raccolse da terra il sassolino e lo tirò dentro il recinto.

Allora Nkosana scattò a prenderlo ridendo, per poi scagliarlo di nuovo dall'altro lato. Per un po' continuarono quel ping-pong di sassolini, rami e risate.

Poi Nkosana si fermò e gridò qualcosa.

Nelson stava studiando la lingua dei bianchi a scuola, ma Nkosana conosceva la lingua dei neri.

«*ndinguEric!* Mi chiamo Eric!» gridò. Poi corse via con quelle sue scarpe così rumorose.

Passarono i giorni, le settimane e molte nuove lune. Poi scese una notte che sembrava proprio come tutte le altre. Invece quella notte ogni cosa cambiò.

Rolihlahla si svegliò di colpo. Aveva sentito un rumore, fuori, nel buio.

Si accorse che la capanna della mamma era illuminata. Si avvicinò piano, fino alla soglia.

Restò paralizzato dall'emozione.

«Papà!» stava per gridare con gioia. Ma la voce gli si spezzò in gola.

Il padre era disteso sul pavimento, il volto sofferente. Il suo corpo sembrava in preda alle convulsioni, ma era la tosse a scuoterlo senza fine.

«Rolihlahla, tuo padre non sta bene» disse la mamma, in ginocchio accanto al marito.

A Rolihlahla bastarono pochi secondi per capire tutto: davanti ai suoi occhi c'era solo l'ombra di quell'uomo forte, orgoglioso e invincibile che aveva sempre chiamato "papà".

Il sole spuntò, indifferente, la mattina dopo, e quella dopo, e quella dopo ancora.

Ogni giorno Rolihlahla portava gli animali al pascolo e al tramonto li guidava nel *kraal*.

Ogni giorno, entrando nella Grande Capanna, nell'attimo prima che gli occhi si abituassero all'oscurità, sperava di vedere suo padre seduto al solito posto. Invece, rivedeva il padre immobile, sdraiato sulla stuoia, nel silenzio spezzato solo dai colpi di tosse.

Calarono molte lune e Nodayimani, la quarta moglie del papà, andò a stare con loro per aiutare la mamma.

Una sera lui la chiamò. «Nodayimani! Portami il tabacco.»

«In queste condizioni è meglio che non fumi» decisero le due donne insieme.

Ma lui insisteva e allora cedettero. Riempirono la pipa di tabacco, gliela accesero e finalmente, fumando, papà sembrò rasserenarsi.

Un'ora dopo era morto, con la pipa ancora in mano.

Suo padre era diventato un antenato, ora, e l'avrebbe aiutato e protetto per sempre. Ma questo pensiero non bastava a consolare Rolihlahla.

Non provava dolore, almeno non gli pareva. Ma per la prima volta nella sua vita si sentiva perduto.

Dopo il funerale iniziò il lutto, che poteva durare a lungo, da sei mesi a un anno. La mamma vestiva sempre di nero, e non lasciava mai le capanne. Non partecipava a nessuna festa e parlava sempre a bassa voce.

Dopo poco tempo, sua madre lo chiamò per dirgli alcune semplici parole che stravolsero tutto quel che restava del suo universo.

«Prepara le tue cose, Rolihlahla. Lascerai Qunu.»

Rolihlahla non capiva. Ma vedeva che alla mamma erano costate fatica, quelle parole. Era meglio non farle domande e obbedire.

Era mattina presto quando lui e la mamma uscirono di casa e cominciarono a camminare nella direzione in cui nasceva il sole.

Pur non avendo mai percorso quella strada, Rolihlahla la trovava familiare perché l'aveva vista tante volte dalla collina della scuola.

Camminarono e camminarono, e Rolihlahla si rese conto che presto Qunu sarebbe svanito in lontananza.

Si voltò per guardare il villaggio. Per l'ultima volta cercò con lo sguardo le umili capanne della mamma.

Qunu era il suo mondo.

Sua madre non parlava, ma a lui non importava. Sapeva che voleva il suo bene più di ogni altra cosa. Ciò che non sapeva, e non osava chiedere, era cosa lo aspettasse alla fine del viaggio.

Prima di sera arrivarono nell'unica valle dove crescevano grandi alberi. E Rolihlahla pensò subito che si trattava di un posto speciale.

Al centro della valle, c'era un villaggio più grande di Qunu, tanto da sembrare una metropoli ai suoi occhi.

La gente non indossava abiti tradizionali bianchi o color ocra, ma vestiti moderni. Gli uomini portavano giacca e pantaloni, le donne gonne lunghe e camicie a collo alto.

Al centro del villaggio c'erano due

servare. Più d'uno osò criticare il reggente, ma lui non si scompose né sembrò arrabbiarsi. Gli interventi continuarono per ore. Così si risolvevano i problemi della comunità. Insieme.

Alla fine, Jongintaba prese di nuovo la parola per riassumere ciò che era stato detto e cercare di trovare un terreno comune.

Quella sera non si arrivò a un'intesa, ma tutti furono d'accordo sul proprio disaccordo, e decisero che sarebbero tornati a discutere in un momento più propizio.

Rolihlahla si fece coraggio ed entrò a piccoli passi nella grande casa rettangolare dal tetto in lamiera: la residenza reale.

Sotto i piedi nudi sentiva le fessure tra le tavole di legno: non aveva mai calpestato un pavimento così. Non era fatto, come quelli di Qunu, con la terra dei formicai frantumati spalmata di sterco di mucca per mantenerla liscia.

Jongintaba lo seguiva a grandi passi.

«Figliolo, a tuo padre io devo molto. Se

non fosse stato per lui, oggi non siederei sul trono. E adesso» concluse «è venuto il momento di ricambiarlo. Ti prenderò con me e ti istruirò, ti tratterò come un figlio» promise Jongintaba a Rolihlahla. «E un giorno, come tuo padre prima di te, anche tu diventerai consigliere del re.»

Rolihlahla ascoltava in silenzio.

«Ricorda una cosa, figliolo: un capo è come un pastore. Un capo lascia che il suo gregge proceda davanti a lui. Le pecore più intelligenti avanzeranno sicure e faranno strada alle altre. Se invece il capo avanza senza guardarsi indietro, sperando che il gregge lo segua fedelmente, raggiunta la cima scoprirà che solo alcune pecore sono con lui e molte altre si sono perdute.»

Per la prima volta nella sua vita, Rolihlahla sentì di avere un destino importante davanti a sé.

Il mattino seguente, la mamma gli disse addio. Non gli appoggiò le mani sulle spalle, né lo strinse a sé premendogli la testa forte contro il petto. Non lo baciò e non versò una lacrima.

«*Uqinisufokotho, kwedini!*» disse solo toccandogli la fronte con la sua. «Sii in gamba, figlio mio!» E se ne andò, portandosi via un pezzo della sua vita.

In quel momento Rolihlahla se ne accorse appena. Con i suoi abiti nuovi di zecca, il primo regalo del reggente, e con la testa piena delle meraviglie del Grande Posto, si allontanò di corsa.

Il piccolo tronco sradicato si abbandonò alla corrente. Voleva scoprire dove sfociava il ruscello.

«Sei lento come un camaleonte, Rolihlahla!»

Agitando il frustino con una mano, le redini di corda nell'altra, Rolihlahla spinse il proprio destriero all'inseguimento.

Alla fine, galoppando a rotta di collo,

raggiunse Justice, e i due cavalli dal pelo bruno cominciarono a trottare l'uno accanto all'altro.

Justice era alto e tutto muscoli, ed era campione di calcio, cricket, rugby e atletica. Le ragazze gli morivano dietro.

Di quattro anni più grande di Rolihlahla, era il figlio del reggente. I due ragazzi dividevano un *rondavel*, con due letti e un tavolo con un lume a olio.

Rolihlahla, timido e riflessivo, si ispirava a Justice in ogni cosa, lui era il suo primo vero eroe, a parte il padre.

Dopo quattro anni, la vita nel Grande Posto gli era ormai diventata familiare, come se avesse sempre vissuto lì.

Passava il tempo con Justice, mangiavano tutti le stesse cose, si vestivano allo stesso modo, svolgevano gli stessi compiti: arare, portare gli animali al pascolo, e poi il suo preferito, stirare gli abiti del reggente. E ricevevano anche le stesse punizioni.

«Nonna, ma quanti anni ha adesso Rolihlahla?» chiede Monde, che ne ha dieci.

«Sedici» spiega la nonna. «Era arrivato al Grande Posto a dodici. Gli anni passano in fretta...» e si guarda a lungo le mani, come per leggerci il resto della storia.

«Ma a Qunu non è mai più tornato? Non gli mancava Mackson?» insiste Monde, che non riesce neanche a immaginare di lasciare per sempre la sua casa.

«A volte faceva una lunga cavalcata fino a Qunu, ma il reggente era contrario, perché considerava i pastori una brutta influenza. Voleva che Rolihlahla crescesse come un consigliere di re.»

Era l'inizio dell'anno nuovo e qualcosa di molto importante stava per accadere.

Nella valle bagnata dal fiume Mbashe erano state erette due capanne di frasche, vicino a un grosso albero di mimosa. Servivano a ospitare ventisei ragazzi, tra cui Justice e Rolihlahla.

Dovevano restare isolati dal mondo e mangiare cibi poco appetitosi, come il grano mezzo crudo, perché loro si trovavano a metà tra il mondo dei bambini e quello dei grandi.

Per passare il tempo in attesa del grande momento, si narravano l'un l'altro delle storie.

«*Egoli* è la città dell'oro, è un posto straordinario.»

Banabakhe, uno dei ragazzi più ricchi e popolari, raccontava a tutti delle miniere di Johannesburg, dove aveva iniziato a lavorare.

Mostrò ai compagni le banconote che aveva guadagnato. E mentre lo ascoltava, Rolihlahla immaginò i minatori, uomini veri e senza paura, che esploravano le viscere della terra.

Anche Rolihlahla e i suoi compagni dovevano essere coraggiosi.

Era l'ora del giorno in cui le corna dei buoi sono appena visibili nel cielo, quando i ventisei ragazzi si immersero nell'acqua fredda del fiume Mbashe.

Poi, con il corpo dipinto di ocra bianca e

avvolto in una coperta bianca a strisce rosse, Rolihlahla seguì gli altri iniziati fino a uno slargo vicino al fiume.

Una folla di genitori si era radunata a una certa distanza dalla riva e, a mezzogiorno, dopo un rullo di tamburi, i ventisei stesero a terra la coperta e si sedettero con le gambe tese in avanti.

Rolihlahla era il quinto in fila. Sentiva l'ansia crescergli dentro. Con la coda dell'occhio, vide un vecchio scheletrico che si avvicinava con una lama affilatissima: la punta di una lancia.

Era l'*ingcibi*, il circoncisore: con un colpo netto avrebbe trasformato ognuno di loro in un uomo.

Non ebbe neppure il tempo di pensare, che Rolihlahla sentì il fuoco bruciargli il sangue nelle vene e chinò il capo per il dolore lancinante.

«Ah, *Dalibhunga!* Sei un uomo adesso» dichiarò il reggente, guardandolo dritto negli occhi.

E lui si sentì finalmente tranquillo. Poi si

rese conto di quel nome: Rolihlahla il combinaguai, "colui che tira i rami dell'albero", era diventato Dalibhunga, "colui che promuove il dialogo".

Era il suo nuovo nome da uomo, un nome da consigliere di re.

Ci fu una grande festa. Il reggente donò a Dalibhunga due vacche e quattro pecore. Non era mai stato così ricco. Justice aveva ricevuto un gregge intero, ma lui non era invidioso dell'amico.

I canti e le risate si zittirono per dare spazio all'oratore principale della giornata, il capo Meligqili, che con tono solenne disse: «Qui siedono i nostri figli: il fiore della tribù xhosa, l'orgoglio della nostra nazione. Li abbiamo appena circoncisi, in un rito che promette di renderli uomini. Eppure... cosa li aspetta? Andranno nelle città, a vivere nelle baracche, a bere alcol da quattro soldi. Sputeranno i polmoni nelle miniere dei bianchi, nel ventre della terra. I nostri regali di oggi non valgono niente se non possiamo dar loro il dono più grande: la libertà».

Passarono i giorni, le settimane e i mesi.

Una mattina Rolihlahla Dalibhunga Nelson si ritrovò in auto, accanto al reggente, a bordo della sua maestosa Ford V8. La berlina accelerò lungo un tratto rettilineo, tuffandosi in una valle e riemergendo dal pendio successivo. La sera precedente c'era stata una festa al Grande Posto: la prima festa mai organizzata soltanto per lui, una festa d'addio. Era stato ammesso al collegio missionario di Clarkebury, la stessa scuola frequentata dal reggente e da Justice prima di lui.

Jongintaba era orgoglioso: «Il tuo futuro non è quello di essere sfruttato dai bianchi nelle loro miniere d'oro» gli aveva detto, consegnandogli in regalo un paio di scarpe.

«Tra poco conoscerai il reverendo Harris, il preside di Clarkebury» gli aveva spiegato il suo tutore. «Devi avere per lui lo stesso rispetto e la stessa obbedienza che hai per me. Vedrai, è una specie di *thembu* bianco, che conosce e capisce la nostra cultura.»

Al Grande Posto, Nelson aveva osservato spesso il modo in cui Jongintaba trattava i commercianti e i poliziotti bianchi: alla pari, in modo gentile, ma mai servile. Però, per quanto ci pensasse, un *thembu* bianco lui non riusciva proprio a immaginarlo.

La scuola, che sorgeva su terra donata

dal re Ngubengcuka ai missionari, aveva la facciata bianca merlettata, in stile coloniale. Nelson non aveva mai vissuto in un luogo tanto occidentale come quello.

Il reverendo Harris li stava aspettando seduto nel suo studio: era un uomo severo, con gli occhiali e i capelli brizzolati.

«Questo è Rolihlahla Dalibhunga Nelson Mandela» lo presentò il reggente. «Diventerà consigliere del re e vorrei che lei gli riservasse una particolare attenzione.»

Nelson strinse la mano del reverendo, ed era la prima volta che teneva nella sua la mano di un bianco.

Passarono due anni.

Alle sei in punto la campana suonò, Nelson s'infilò in fretta i pantaloni grigi e la camicia bianca, la divisa del college missionario di Healdtown.

Aveva superato con successo gli esami a Clarkebury e ormai studiava nella più grande scuola per africani, a trecento chilometri da casa.

Alle sei e quaranta, come ogni mattina, raggiungeva la mensa dove ad aspettarlo, oltre al suo caro amico Zachariah, c'era il solito pane tostato.

A Nelson piaceva chiacchierare con Zachariah, che la mattina aveva il compito di versare una scodella di *amasi*, il latte acido, per ognuno dei compagni.

Era un ragazzo di lingua sotho, non xhosa, ed era strano e ardito averlo come amico, perché tutti frequentavano per lo più i compagni appartenenti alla loro stessa tribù.

I due ragazzi fecero immediatamente silenzio quando, da una piccola porta, emerse all'improvviso il dottor Wellington, il rigido e temutissimo preside. Sapevano già tutti cosa avrebbe detto: ogni volta apriva l'assemblea nello stesso identico modo.

«Io sono un discendente del grande duca di Wellington, che sconfisse Napoleone a Waterloo e salvò la civiltà per il bene dell'Europa e di voi indigeni.»

E ogni volta gli studenti rispondevano con uno scroscio entusiasta di applausi.

Per i bianchi, i neri erano questo: indigeni da salvare, da civilizzare. E l'unico modo per farlo era renderli più "inglesi" possibile.

Il treno avanzava, carico di studenti, bagagli e desideri. Ma a Nelson, impaziente, sembrava lento come un camaleonte.

Guardando oltre il vetro del finestrino, pensava soprattutto al futuro. "Cosa farò della mia vita?"

Il suo destino era diventare consigliere del re. Così dicevano tutti, così sembrava scritto. Eppure lui sentiva che, forse, il futuro gli avrebbe riservato delle sorprese.

Avrebbe studiato diritto, scienze politiche, antropologia.

Avrebbe trovato un posto nell'amministrazione pubblica.

Avrebbe comprato una casa nuova con mobili moderni alla madre e alle sorelle.

Improvvisamente il camaleonte di metallo si fermò, e oltre il vetro spuntò un cartello con la scritta a caratteri cubitali: ALICE.

Alice era la città dell'università di Fort Hare, l'unico centro di istruzione superiore aperto ai neri in tutto il Sudafrica.

Nelson era giunto a destinazione.

Nel dormitorio dell'università trovò i gabinetti con l'acqua corrente e le docce con l'acqua calda. Fece conoscenza con il sapone da bagno, molto più profumato del detergente blu a cui era abituato. Si lavò i denti con lo spazzolino: fino a quel momento aveva usato uno stuzzicadenti per pulirli e cenere per sbiancarli. Dormì per la prima volta in pigiama e lo trovò decisamente scomodo.

In ogni posto in cui andava, comunque, la scoperta più bella erano le persone. E così sarebbe sempre stato nella sua vita.

Sul campo di calcio di Fort Hare incontrò Oliver Tambo. Era il ragazzo più intelligente della scuola, e diventare suo amico fu senz'altro più facile che tentare di marcarlo a uomo.

Di domenica Oliver e Nelson andavano a insegnare la Bibbia nei villaggi. Poi, affamati, contavano le monete e si presentavano sul retro del ristorante Ramona. Non potevano entrare dalla porta principale né sedersi nel salone: questi erano diritti riservati soltanto ai bianchi.

Scoppiò la Seconda Guerra Mondiale, e ogni sera i due amici restavano incollati alla radio, appassionati alla battaglia per la libertà dell'Europa anche se non erano ancora pronti a combattere per la libertà dei neri in Sudafrica.

Quando la nostalgia della campagna si faceva sentire troppo forte, Nelson sgusciava fuori nei campi di mais che circondavano l'università, ad arrostire le pannocchie all'aperto.

Venne il giorno in cui si trovò di fronte alla prima scelta davvero difficile della sua vita. A Fort Hare gli studenti avevano il diritto di eleggere i propri rappresentanti, anche se questi non avevano molta voce in capitolo.

Serviva più potere per cambiare le cose, a partire dal cibo della mensa. Il rettore non voleva accontentarli, e così decisero che l'unico modo per farsi ascoltare era boicottare le elezioni.

Quel giorno, però, venticinque studenti andarono comunque a votare, e come rappresentante, insieme ad altri cinque compagni, fu eletto proprio Nelson. Il rettore tentò di costringerli ad accettare l'incarico.

Nelson rifiutò: quell'elezione non era giusta, la maggioranza non aveva votato e lui credeva nella democrazia. Annunciò che si sarebbe dimesso.

Il rettore lo convocò immediatamente nel suo studio. «Signor Mandela, lei commette un grave errore. Dovrò espellerla dall'università.»

Non sarebbe tornato a casa con una laurea, non avrebbe potuto costruire una casa per la mamma e un lavoro nell'amministrazione pubblica sarebbe stato impossibile da ottenere. Rischiava di perdere tutto, e per che cosa? Per una questione di principio.

Ma non poteva tirarsi indietro. Al Grande Posto aveva imparato che le decisioni si prendono all'unanimità. Anche il reggente avrebbe capito la sua scelta.

Quando Nelson gli raccontò cos'era accaduto, invece, Jongintaba non la prese affatto bene. «Non si discute: tornerai all'università l'anno prossimo!»

Il rettore gli aveva offerto la possibilità di essere riammesso, a patto che accettasse il posto di rappresentante degli studenti.

Nelson capì che avere dei principi e difenderli fino alla fine non è facile, e può costare caro. Ma era estate. E, per un po', decise di non pensarci.

Al Grande Posto c'era anche Justice, che aveva abbandonato la scuola, non avendola mai presa sul serio. E così si buttarono a capofitto nelle giornate estive, tra cavalcate, grigliate e ragazze.

Tutto sembrava tornato alla normalità, quando il reggente li convocò.

«Justice, Nelson, è arrivato il momento di comportarvi da uomini. Ho scelto per ciascuno di voi una moglie, la dote è già stata pagata. È tutto pronto: tra qualche settimana vi sposerete entrambi.»

I ragazzi si scambiarono uno sguardo terrorizzato.

Sposarsi? Conoscevano le due ragazze di cui parlava il reggente, ma non erano innamorati.

Nelson non poteva permettere che qualcun altro prendesse una decisione così importante per lui.

«C'è solo una cosa da fare» bisbigliò a Justice appena furono soli. «Scappare!»

L'amico annuì, sentendo già l'eccitazione per quella pazzia. «A Johannesburg» disse.

«Non c'è tempo da perdere. Ma come facciamo per i soldi? E i documenti?»

Come tutti i neri, per poter uscire dal proprio distretto dovevano avere l'autorizzazione di un datore di lavoro oppure del tutore, cioè il reggente, nel loro caso.

Raccolsero pochi abiti in una sola valigia, si infilarono di nascosto nel *kraal* e ne uscirono trascinandosi dietro due buoi che vendettero a un mercante bianco.

Arrivarono alla stazione sperando di riuscire a comprare i biglietti, ma il funzionario scosse la testa: il reggente gli aveva espressamente proibito di venderli a Justice e Nelson.

"Aveva capito tutto! Sapeva che volevano scappare!" grida Nyamelo, che però spera che i nostri eroi riescano nell'impresa.

Alla fine, in cambio dei soldi che avevano, rimediarono un posto sull'auto di una vecchia signora bianca. Destinazione: Johannesburg, la città dell'oro.

Ogni tanto la vecchia signora li scrutava dallo specchietto retrovisore: non aveva mai visto ragazzi neri così spigliati e sicuri di sé, tanto che finì anche lei con il divertirsi alle loro continue battute.

Curva dopo curva, discesa dopo salita, la città dell'oro apparve in tutto il suo splendore, trasformando la notte in giorno.

L'auto della signora bianca si fermò davanti a una delle grandi ville dei sobborghi e lei si offrì di ospitarli a casa sua per quella sera.

Poco dopo, Nelson e l'amico si sdraiarono sul pavimento, nelle stanze della servitù.

Nelson non riusciva a chiudere occhio. In pochi giorni si era ribellato a tutto: alle regole dei bianchi e a quelle dei neri. E adesso non possedeva niente.

La nonna si alza lentamente dalla poltrona. Da un'anta della credenza rossa tira fuori una vecchia scatola di cartone, piatta, nera, che in tempi remoti conteneva una camicia.

I bambini si radunano intorno al tavolo in religioso silenzio, gli occhi puntati sulla scatola e le orecchie tese.

Non appena il coperchio si dischiude, Monde infila il naso in quello scrigno di cartone.

Contiene un cumulo disordinato di fotografie in bianco e nero: volti sbiaditi che chiedono solo di essere riconosciuti.

La nonna ne prende una tra le dita ossute e la mostra ai nipoti.

Nelson non è più un bambino. È un uomo con le spalle forti, gli occhi strizzati per la gioia e un sorriso così raggiante che fa venir voglia di ridere con lui.

Al suo fianco, un bambino di circa dieci anni.

«È Thembi, il primo figlio di Nelson» dice la nonna. E la sua voce si spezza per un attimo.

Quando Nelson arrivò a Johannesburg, andò a vivere nella *township* di Soweto, un sobborgo per soli neri.

Lavorò come guardia notturna nelle infernali miniere d'oro, mentre la notte studiava per laurearsi in Giurisprudenza con un corso a distanza. Presto diventò praticante in uno studio legale di bianchi. Lo aveva aiutato molto Walter Sisulu, un nuovo amico che faceva l'agente immobiliare e conosceva tantissima gente.

Nelson nel tempo libero lo andava a trovare a casa. Fu proprio lì che rivide alcuni vecchi amici e che conobbe il suo primo amore, Evelyn, dalla quale ebbe un figlio, Thembi.

Il piccolo Thembi cresceva in un ghetto, con le strade sterrate piene di pozzanghere. In eredità avrebbe ricevuto innumerevoli diritti negati. Non poteva girare per la città senza un lasciapassare, avrebbe rischiato l'arresto. Non poteva sedersi sulle panchine riservate ai bianchi, né salire sui loro autobus. Non poteva passeggiare lungo le spiagge dei bianchi né ambire alle loro professioni. Non poteva votare. A differenza dei bianchi.

Tra le mura di casa, Sisulu e i suoi amici organizzarono una marcia di protesta contro l'aumento del prezzo del biglietto per gli autobus riservati ai neri. Nelson partecipò insieme ad altre diecimila persone. E vinsero!

L'ANC, l'*African National Congress*, era la più antica organizzazione di neri del Paese, e Sisulu e gli altri volevano raccogliere più consensi, non solo nelle città ma anche nelle campagne, non solo tra i neri più istruiti ma anche tra le masse.

Dopo la laurea per corrispondenza, Nelson si iscrisse – unico nero – alla prestigiosa università inglese di Witwaterstrand, a Johannesburg. Ma cominciava a pensare che l'istruzione non fosse abbastanza. Se i diritti dei neri continuavano a dipendere dalla volontà dei bianchi, c'era una sola via d'uscita: ribellarsi.

Quando Thembi aveva due anni la situazione nel Paese peggiorò.

Fu eletto un nuovo governo bianco dominato dagli *afrikaner*, discendenti dei coloni olandesi, che consideravano inferiori i neri e tutti i "non bianchi".

Imposero l'*apartheid*.

Questa parola, che nella lingua *afrikaans* significa "separazione", segnò il destino di Nelson e di tutti i neri. Indicava un sistema di leggi studiate per discriminarli in ogni aspetto della vita.

Bianchi, neri, meticci e indiani furono divisi in categorie basate sulla razza. Dovevano vivere in zone separate e i matrimoni misti non erano permessi.

Presto l'*apartheid* colpì anche l'istruzione. Inutile insegnare ai bambini neri, tanto il loro destino era quello di svolgere i lavori più umili.

I bambini neri non avevano più nemmeno il diritto di sperare in un futuro migliore.

Quando la gente si ribellò, la polizia represse le proteste, ma Sisulu, Nelson e l'ANC non si arresero. Negli anni successivi organizzarono la Giornata della protesta, un grande sciopero nazionale dei neri insieme agli indiani e ai meticci, e la Campagna di sfida alle leggi dell'*apartheid*. I manifestanti, disarmati, entravano nelle zone riservate ai soli bianchi: nelle sale d'aspetto delle stazioni, sugli autobus, nei bagni… con l'obiettivo di farsi arrestare, senza opporre resistenza.

Lo fecero centinaia di persone in un solo giorno, e migliaia nei cinque mesi successivi. Volevano mettere a nudo le ingiustizie che la società di allora considerava normali.

Anche Nelson venne arrestato e presto rilasciato, ma gli fu proibito di partecipare a qualsiasi incontro con più di una persona.

Nel frattempo aveva avuto altri due figli oltre a Thembi: Makgatho e Makaziwe, ma li vedeva pochissimo.

Evelyn, la moglie, non ne poteva più: intimò a Nelson di scegliere tra lei e la politica. Ma lui rispose che la politica era il lavoro della sua vita.

Tutti i giorni davanti all'ufficio di Nelson c'era una fila interminabile di gente. Nelson combatteva per la libertà e l'uguaglianza per tutti.

L'ANC invitò i sudafricani a descrivere il futuro che sognavano, e così su pezzetti di carta, fogli di quaderno, salviette, raccolti da migliaia di volontari, la gente espresse con parole diverse un sogno comune: la fine dell'*apartheid*.

Le loro aspirazioni furono raccolte in un documento chiamato Carta della libertà.

Poi, un giorno, qualcuno bussò alla porta di casa di Nelson. Era la polizia, con un foglio sul quale c'era scritto: ALTO TRADIMENTO.

Quella notte, altri centocinquantacinque dirigenti dell'ANC furono arrestati: volevano punirli tutti per il loro attivismo.

Qualche mese dopo, Nelson uscì di prigione su cauzione e trovò la casa di Soweto deserta: Evelyn aveva portato i bambini via da Johannesburg.

Il loro amore era finito.

Alcuni anni dopo, quando Thembi aveva venticinque anni, suo padre Nelson, di nuovo rinchiuso in prigione, ricevette un telegramma con una sola riga di testo: THEMBI È MORTO IN UN INCIDENTE D'AUTO.

Rolihlahla Dalibhunga Nelson Mandela si distese sulla sua branda e vi restò per ore e ore, paralizzato dal dolore.

Walter, che come al solito era in prigione con lui, si inginocchiò accanto all'amico. Gli prese la mano, e insieme rimasero in silenzio.

Anche Nyamelo, Bantu, Monde e Tembi adesso sono troppo tristi per parlare, e perfino per punzecchiarsi a vicenda, come fanno sempre.

Nonna Nombulelo sceglie un'altra fotografia dalla scatola e la solleva piano.

«Sembra una regina!» osserva Tembi.

«Quand'era in carcere Nelson spolverava questa foto ogni mattina.»

Era la sua seconda moglie, Winnie. Con quell'acconciatura di perline sul capo e lo sguardo fiero, sembrava davvero una regina.

Il giorno in cui, giovane e tremante, Winnie aveva detto «Sì, lo voglio» sapeva già che non stava sposando solo Nelson, ma la lotta di un intero popolo.

Per lei fu l'inizio di una serie di prove da superare.

La prima prova fu la vita di tutti i giorni. Al mattino Nelson andava ad affrontare il processo per alto tradimento contro di lui, di pomeriggio e di sera studiava e di notte c'erano le riunioni politiche. Winnie gli preparava la colazione e quando tornava, a qualsiasi ora, gli faceva trovare cibo in abbondanza, per sfamare anche gli ospiti che suo marito portava senza preavviso.

Anche lei cominciò ad appassionarsi alla politica e, pur essendo incinta, partecipò a una grande marcia di protesta delle donne contro i lasciapassare, i documenti che i neri erano costretti a portare sempre con sé per dimostrare di avere il permesso di vivere e lavorare in città. E finì in carcere per due settimane.

Presto arrivò la seconda prova per Winnie, e per le famiglie di tutti gli oppositori politici.

A Sharpeville, nella zona industriale di Johannesburg, cinquemila persone stavano protestando pacificamente davanti alla stazione di polizia, in una manifestazione organizzata dal PAC, un'altra associazione anti-*apartheid*. All'improvviso, gli agenti cominciarono a sparare e fu una strage. In tutto il Sudafrica ci furono proteste, e per la prima volta dalle Nazioni Unite giunsero parole di condanna contro il governo.

In segno di solidarietà, Nelson e i suoi compagni dell'ANC sfidarono il governo bruciando i propri lasciapassare.

La polizia bussò con violenza alla porta di casa e Winnie si vide strappare dalle braccia il marito, che fu portato in carcere per cinque mesi. La lotta vera era appena cominciata.

La terza prova fu, se possibile, la più difficile da affrontare. Dopo quasi cinque anni di processo, e la nascita della loro prima figlia, Zeni, e della seconda, Zindzi, Nelson fu giudicato "non colpevole" di alto tradimento. Winnie, felice, corse tra le sue braccia, ma quella notte lui non tornò a casa. Entrò in clandestinità e cominciò a spostarsi da un nascondiglio all'altro per non farsi trovare dalle autorità.

Nelson e i suoi compagni si erano convinti che i metodi pacifici non bastassero più e che, di fronte alla violenza del governo, non ci fosse altra scelta che combattere. Fondarono un'organizzazione militare parallela all'ANC: *Umkhonto we Sizwe*, "La lancia della nazione". L'obiettivo era sabotare centrali elettriche, installazioni militari e altri edifici governativi, evitando però di colpire persone innocenti.

Nelson diventò un fuorilegge.

I giornali lo soprannominarono "la primula nera". Si camuffava spesso da giardiniere, indossando tute blu da lavoro e un paio di occhiali rotondi, oppure portava una divisa bianca da autista.

Poi, per sei mesi, Nelson volò in lungo e in largo per il continente africano, facendo tappa anche a Londra, in cerca di denaro, armi, addestramento per i suoi uomini.

Pochi giorni dopo che Nelson tornò dal suo viaggio, la polizia fermò l'auto su cui viaggiava, travestito da autista, insieme a un amico bianco.

«Sappiamo benissimo chi sei» disse secco l'agente. «Nelson Mandela, ti dichiaro in arresto.»

Dopo diciassette mesi, il ricercato era caduto nella rete, come un uccellino in una delle trappole dei pastorelli di Qunu.

Iniziò così un nuovo processo. E l'ennesima prova per Winnie.

Nelson lo trasformò in un nuovo modo per continuare la lotta. Si presentò avvolto nel *kaross*, il mantello di pelli di leopardo degli xhosa. La primula nera era ormai il simbolo della ribellione, e il tribunale un palcoscenico da cui mostrare al mondo le ingiustizie del Sudafrica e additare il vero criminale: il governo.

Il mondo non rimase a guardare: le Nazioni Unite votarono per imporre sanzioni contro l'*apartheid*. Fu lanciata una campagna di solidarietà. «Mandela libero!» gridava la gente.

L'accusa contro Nelson e i suoi amici era di aver tentato la rivoluzione violenta e l'invasione armata del Paese.

Lui sapeva di rischiare la morte, ma niente poteva impedirgli di dire quello che pensava. Così il 20 aprile del 1964 si alzò in piedi, si rivolse al pubblico e cominciò a leggere un discorso.

Spiegò che fin da ragazzo aveva desiderato lottare per la liberazione del suo popolo e lo aveva fatto con metodi pacifici, ma non avevano portato a nulla: i neri in Sudafrica continuavano a vivere al di sotto della soglia minima della dignità umana. Per questo erano iniziati gli atti di sabotaggio e le violenze. Era una lotta per il diritto di vivere.

Nelson parlò per quattro ore. Alla fine appoggiò i fogli sul tavolo, fissò il giudice e pronunciò queste parole: «Ho nel mio cuore l'ideale di una società democratica e libera in cui tutte le persone vivano insieme in armonia e con uguali opportunità. È un ideale per cui voglio vivere. Ma, se necessario, è un ideale per cui sono pronto a morire».

Si guardò intorno: il silenzio era assoluto, i volti delle donne erano rigati di lacrime. Poi arrivò il verdetto. Nelson vide la madre e la moglie, le donne più importanti della sua vita, sedute l'una accanto all'altra. E insieme ascoltarono la condanna del giudice: ergastolo. Sarebbe rimasto in prigione per sempre.

Eppure lui era felice: una condanna a vivere era meglio di una condanna a morire.

Cercò lo sguardo di Winnie, ma il volto della moglie era scomparso nella folla. Quando lei uscì dal tribunale, molti si aspettavano di vederla a pezzi. Ma Winnie si fermò in cima alla gradinata. Sorrise. Poi si baciò il palmo della mano e l'agitò in aria salutando il furgone blindato che portava via suo marito. Zeni e Zindzi, piccole e solenni ai suoi piedi, fecero lo stesso.

Negli anni successivi, Winnie fu arrestata, detenuta e processata una dozzina di volte. Fu messa in isolamento, agli arresti domiciliari, licenziata, costretta a trasferirsi in una baracca di lamiera in una remota zona rurale piena di bianchi ostili.

La loro casa a Soweto fu incendiata, eppure Winnie continuò a crescere lì le figlie, a mandare al marito lettere e biglietti di auguri per il compleanno, per Natale e l'anniversario di nozze. Ma con il tempo diventò qualcosa di più della "moglie di Mandela". Per i giovani arrabbiati del Sudafrica Winnie diventò, nel bene e nel male, una leader politica e militare. Tutto ciò che la sua famiglia stava passando frantumò il suo cuore in mille pezzi acuminati e la cambiò per sempre.

«E questa è Zindzi a ventiquattro anni...»

*Tra le dita della nonna, stavolta, c'è la foto di una ragazza con i capelli intrecciati e il pugno destro sollevato con un'energia tale che sembra di sentirla gridare «*Amandla! *Potere!».*

«Poteva andare a trovare suo papà in prigione, nonna?» chiede Nyamelo.

«Purtroppo ci vollero undici anni prima che Zindzi potesse rivedere suo padre. Le visite non erano permesse fino al compimento dei sedici anni. Eppure, la prima volta Zindzi ne aveva quindici, perché...»

Monde sorride al pensiero di Winnie che, fiera e testarda come una leonessa, aveva falsificato il certificato di nascita della figlia.

Ora Nelson era il prigioniero numero 46664 e a Robben Island avrebbe dovuto passare il resto della vita. Alle figlie piccole decise di non raccontare favole, ma di dire loro la verità: «Papà non sa quando tornerà a casa».

Tuttavia non voleva che perdessero la speranza e perciò nelle sue lettere prometteva un lieto fine: un Sudafrica dove, un giorno, i bianchi e i neri avrebbero vissuto insieme.

Quelle lettere spesso non arrivavano a destinazione, perché le autorità lo impedivano. Nelson lo sapeva, ma continuava a scriverle, chiedendo ogni volta a Zeni e Zindzi come stavano, che voti prendevano a scuola, come avevano passato le vacanze... Anche Winnie gli raccontava tante cose, per esempio che Zindzi era un maschiaccio e una ribelle.

Sull'isola i giorni passavano tutti uguali, scanditi da campane, fischi e ordini. Dopo qualche mese iniziarono i lavori forzati alla cava di calce, con picconi e badili, e continuarono per i successivi tredici anni. Ma Nelson fuggiva con la mente e con il cuore. Si sollevava come un falco e volava oltre il mare, e non si fermava finché non arrivava nell'inconfondibile *veld* punteggiato dai *rondavel* della sua Qunu. In quei momenti si sentiva libero.

L'*apartheid* vigeva anche a Robben Island, in ogni piccolo dettaglio della vita. La prigione cercava di spezzare la dignità dei detenuti. Ma Nelson decise che non l'avrebbe permesso.

I prigionieri politici, capeggiati da lui, cominciarono a lottare con gli scioperi della fame e del lavoro, e organizzandosi con i detenuti comuni attraverso messaggi che depositavano dentro scatole di fiammiferi lasciate in postazioni segrete. Nelson faceva anche da consulente legale a molti carcerati e riuscì a far ridurre alcune sentenze.

Finalmente, dopo undici anni, poté ricevere la visita di sua figlia Zindzi.

Quel giorno, quando guardò oltre il vetro vide una donna, bella come sua madre. Zindzi, invece, riconobbe il padre dalle foto più che dai propri ricordi.

Ai tempi in cui era ricercato, aveva iniziato a vederlo sui giornali con una pecetta nera sugli occhi e la scritta: TERRORISTA. Ma l'immagine che lei custodiva nella mente era il pugno chiuso del padre, puntato verso il cielo in segno di sfida, dietro le sbarre di quel furgone che tanti anni prima l'aveva portato via.

Gli anni passavano, ma non erano tutti uguali. Dopo tempi bui, perfino a Robben Island le cose cominciarono a migliorare.

I detenuti ora la chiamavano "l'università". Molti studiavano per corrispondenza, e Nelson e i suoi amici organizzarono corsi aperti a tutti gli altri. Alla fine, anche chi entrava analfabeta imparava almeno a leggere e scrivere. Nelson studiò la lingua e la storia degli oppressori, e riuscì a far capire ad alcuni guardiani le ragioni della lotta dei neri. Ma nessuna conquista poteva cancellare l'eternità della prigionia.

Nel 1976, arrivarono a Robben Island i giovani di Soweto: erano scesi in strada dopo che il governo aveva imposto che studiassero nella lingua degli *afrikaner*, e loro si erano ribellati con una furia da leoni. Anche in carcere erano indomabili, non si piegavano alle regole. L'istruzione separata dell'*apartheid* si era ritorta contro il governo, perché aveva creato una generazione di neri più rabbiosa della precedente.

Il Paese era in fiamme: la lotta cresceva accanto alla repressione. In risposta alle bombe nelle sedi dell'ANC all'estero e agli assassinii degli attivisti, l'*Umkhonto we Sizwe* lanciò una serie di attentati in Sudafrica, causando anche vittime civili.

E l'attenzione del mondo aumentava: decine di migliaia di firme per il rilascio di Mandela furono consegnate all'ONU, mentre nel 1984 il Nobel per la Pace fu assegnato all'arcivescovo sudafricano nero Desmond Tutu.

Sotto pressione, il presidente del Sudafrica offrì a Nelson e ai compagni la libertà, ma in cambio pretendeva una cosa: il rifiuto incondizionato della violenza come strumento di lotta politica. Nelson, però, non era pronto a sacrificare la libertà del Paese per ottenere la propria. La sua risposta venne letta dalla figlia Zindzi, nello stadio stracolmo di Soweto.

Chi meglio di lei, che aveva pagato fin dalla nascita il prezzo della lotta, poteva fare le veci di quel padre amato a distanza?

«La mia libertà mi sta a cuore, ma mi sta ancora più a cuore la vostra libertà. Troppe persone sono morte da quando sono andato in prigione. Troppe persone hanno sofferto per amore della libertà. Lo devo alle loro vedove, ai loro orfani, alle madri e ai padri che hanno pianto per loro… Non posso sottoscrivere alcun impegno in un momento in cui io e voi, il popolo, non siamo liberi. La mia e la vostra libertà non possono essere separate. Ritornerò.»

Tembi, Nyamelo, Bantu e Monde guardano la nonna con il fiato sospeso, in attesa del lieto fine.

«E questa è l'ultima». Nella foto Nelson tiene per mano Winnie e solleva il pugno destro in aria.

Ha tante rughe sul volto e tutti i capelli bian-

chi. È questa la faccia di Madiba che i bambini hanno conosciuto, qualche inverno prima, quando, ormai libero, è tornato a Qunu.

«Un pochino ti assomiglia, nonna» osserva Monde.

«Non per niente siamo cugini» replica Nombulelo, poi con uno sguardo scherzoso aggiunge: «Ma io sono molto più giovane di lui! In questa foto aveva settantun anni, eppure non aveva smesso di essere un tipo fuori dal comune! Era solo l'inizio della sua seconda vita».

«Ma non si voleva vendicare di chi l'aveva chiuso in prigione?» chiede Bantu.

«No, e fu una sorpresa per molti. Nelson non ce l'aveva con i bianchi. Se la prendeva con il sistema che aveva portato la gente a odiarsi in base al colore della pelle. Per tutta la vita» spiega la nonna «aveva lottato per la libertà.»

Era arrivato il momento del dialogo.

L'ANC aveva combattuto per settantacinque anni, venti dei quali attraverso la lotta armata. Ma era impossibile sconfiggere il governo sul campo di battaglia. Solo sedendosi intorno a un tavolo con il nemico si poteva ottenere davvero la libertà. Il problema è che, quando si combatte per così tanto tempo, nessuno vuole tendere la mano per primo, per non mostrarsi il più debole.

In segreto, Nelson fece una proposta di dialogo al governo e poi dovette convincere i suoi compagni che quella era la cosa giusta da fare. Gli ci vollero alcuni anni prima di riuscire nel suo intento. Le cose procedevano lente come camaleonti.

Nel 1989 il nuovo presidente De Klerk si fece promotore di certi cambiamenti. Autorizzò una marcia pacifica contro la brutalità della polizia, liberò Walter Sisulu e altri prigionieri politici di Robben Island senza condizioni, cominciò a smantellare le leggi che regolavano l'*apartheid*: aprì le spiagge, i teatri, i ristoranti, gli autobus e altri luoghi pubblici ai neri, e dopo quarant'anni revocò la messa al bando dell'ANC, del PAC e del Partito comunista.

Però non sospese lo stato di emergenza,

né richiamò i militari dai quartieri neri e, agli occhi di Nelson, continuò a tutelare i diritti della minoranza bianca a spese della maggioranza nera.

Non era vera libertà quella.

Poi, l'11 febbraio del 1990 arrivò il momento tanto atteso: dopo ventisette anni, Nelson fu rilasciato. Quando uscì dal cancello si aspettava di trovare centinaia di persone ad accoglierlo, ma fu sorpreso di vederne migliaia.

Ed era solo l'inizio: un mare inimmaginabile di gente lo aspettava al municipio di Città del Capo. La sua auto non riusciva a passare, la folla scuoteva la macchina come una barchetta in una tempesta.

La miseria e la criminalità consumavano il futuro della gente di Soweto e, questa volta davanti a centomila persone riunite nello stadio, Nelson urlò ancora più forte: «La libertà senza la possibilità di vivere in pace non è vera libertà».

Non era più in prigione e finalmente poteva dormire in un letto morbido, ma non riusciva a chiudere occhio, con la folla là fuori che cantava inni alla libertà, senza tregua.

I negoziati procedevano a rilento. La sfiducia reciproca e la violenza rischiavano di degenerare in una guerra civile, con stragi di manifestanti disarmati per mano della polizia e guerre fratricide tra neri segretamente finanziate dalle autorità.

Nelson era arrabbiato con De Klerk, ma nonostante tutto continuò a collaborare con lui, perché fare la pace significa questo: trasformare il nemico di sempre nel tuo alleato.

Nel 1993 vinsero insieme il Nobel per la Pace, e anche se qualcuno non sopportava il fatto che il carceriere e il carcerato fossero messi sullo stesso piano, per Nelson quel che contava era il risultato: il 27 aprile del 1994 ventitré milioni di persone andarono a votare per la prima volta.

E quel giorno non ci fu violenza.

Vinse l'ANC con il 62,6 per cento dei voti:

dopo trecento anni, la minoranza bianca riconobbe d'essere stata sconfitta dalla maggioranza nera.

Il popolo, alla fine, aveva vinto: quella vittoria spettava a Nelson, ai suoi compagni e a tutti gli eroi che avevano sacrificato la vita per ottenerla.

«Siamo finalmente liberi!» disse Mandela, che fu eletto presidente.

Fu approvata una costituzione democratica e nei cinque anni successivi il presidente Nelson Mandela cercò spesso di rassicurare i bianchi che non aveva alcuna intenzione di vendicarsi.

Tutti ricordano quando, l'anno dopo, gli Springbok, la squadra di rugby bandita per via dell'*apartheid*, tornò a giocare la Coppa del Mondo.

In Sudafrica i bianchi giocavano a rugby, i neri giocavano a calcio e detestavano gli Springbok.

Nelson tuttavia invitò tutti i cittadini, bianchi e neri, a tifare per loro.

Nel giorno della finale, quando il presidente scese in campo con la maglia verde e oro per stringere la mano ai giocatori, il pubblico bianco lo acclamò: «Nelson, Nelson!».

Gli Springbok vinsero il trofeo, e fu una vittoria per tutto il Paese.

I bianchi e i neri avevano conquistato la possibilità di essere liberi.

È scoccata ormai la mezzanotte, ma i quattro cugini fanno ancora di tutto per non andare a dormire.

«Quella che vi ho raccontato è una lunga storia, iniziata con un bambino di otto anni, Rolihlahla... e che ci porta fino a un giorno quando di anni ne aveva ormai quasi ottanta. A quel punto, anche lui come me era diventato nonno e, sapete, c'era una favola che gli piaceva tanto raccontare.»

Tanto tanto tempo fa, mentre l'erba verde sbiadiva nel miele pallido dell'autunno, il Sole e il Vento iniziarono a litigare.

«Sono più forte di te» disse il Sole.

«No! Sono più forte io!» rispose il Vento.

«Sono io la vera forza della Terra e decido io quando nasce e muore il giorno» insistette il Sole.

Ma il Vento: «Io muovo gli oceani e consumo le montagne e con una tempesta posso offuscare la tua luce!».

Passava, in quel momento, un viandante, con una coperta sulle spalle. E il Sole e il Vento fecero una scommessa: «Vincerà chi di noi riuscirà a far togliere a quell'uomo la coperta di dosso».

Cominciò il Vento, che prese a soffiare e soffiare. Ma più forte il Vento infuriava, più l'uomo si teneva la coperta stretta intorno a tutto il corpo.

Fu la volta del Sole, che si mise all'opera con i suoi raggi.

Dapprima riscaldò dolcemente l'intero villaggio, poi pian piano aumentò la temperatura.

Con il calore, il viandante cominciò a non sentire più il bisogno della coperta. Prima se l'adagiò sulle spalle, alla fine non ne poté più e la gettò via. E tutto rosso e sudato, si tuffò nell'acqua fresca del fiume per trovare sollievo.

Il Sole, alto nel cielo, cominciò a ridere e ridere. Mentre il Vento, sconfitto, fuggì a nascondersi chissà dove.

«E adesso, bambini, a dormire», annuncia la nonna.

Che cos'è il premio Nobel?

Il premio Nobel è stato ideato nel 1895 dal chimico svedese Alfred Nobel, che nel testamento diede ordine di istituire ogni anno un premio per gli scienziati che con i loro studi e scoperte avessero reso un grande servizio all'umanità. È possibile vincere il Nobel per: la medicina, la fisica, la chimica, la letteratura e l'economia. C'è poi un Nobel particolare, quello per la pace.

Di seguito puoi leggere brevi notizie sulla vita di alcune persone che hanno ricevuto questo importante riconoscimento.

MADRE TERESA (1910-1997) Anjezë Gonxhe Bojaxhiu è stata una religiosa cattolica albanese. A diciotto anni decide di prendere i voti e nel 1931 sceglie di chiamarsi Madre Teresa. Nel 1947 partecipa a una missione religiosa a Calcutta, in India, dove viene a conoscenza dell'estrema povertà in cui vivono gli abitanti di alcune zone della città. Dopo questa esperienza, decide di aiutare i bisognosi, i malati e i sofferenti e fonda un nuovo ordine religioso.

Nel 1979 le viene conferito il premio Nobel per la Pace per il suo impegno ad assistere gli ammalati e a migliorare le condizioni di vita dei più poveri. Muore a Calcutta nel 1997.

MARTIN LUTHER KING (1929-1968) Nasce ad Atlanta, negli Stati Uniti. Fin da giovane si batte perché anche i cittadini neri ottengano il diritto al voto e la parità di diritti rispetto alla popolazione bianca.

Nel 1954 diventa pastore di una chiesa protestante; tutte le sue battaglie e rivendicazioni non sono violente, ma pacifiche. Nonostante i ripetuti arresti e le continue minacce, non si fa intimidire ed esorta il popolo nero a manifestare pacificamente contro le violenze, i soprusi e i privilegi dei bianchi organizzando boicottaggi, scioperi e marce.

Vince il Nobel per la Pace nel 1964; quattro anni dopo viene assassinato a soli trentanove anni.

DALAI LAMA (1935) Tenzin Gyatso è l'attuale Dalai Lama, monaco buddista e guida politica e spirituale del Tibet, una regione montuosa dell'Asia centrale.

Fin da piccolo è stato educato alla vita religiosa e alla meditazione.

Nel 1950, a seguito dell'invasione cinese, Tenzin Gyatso diventa leader del Tibet e si batte per promuovere attraverso la non violenza i diritti umani del suo popolo, la democrazia, il rispetto, la pace e la tutela dell'ambiente naturale tibetano. Per la sua lotta a favore di questi valori e dell'indipendenza del Tibet, nel 1989 gli viene assegnato il Nobel per la Pace.

BARACK OBAMA (1961) È nato alle Hawaii e nel 2008 è diventato il primo presidente afroamericano degli Stati Uniti d'America. Ha lavorato per diversi anni come avvocato e ha insegnato legge all'università.

Nel 2009 riceve il Nobel per la Pace, per gli sforzi per migliorare il dialogo e le relazioni tra gli Stati, per l'impegno a favorire la collaborazione tra i popoli e per il sostegno alla riduzione delle armi.

MALALA YOUSAFZAI (1997) Nata in Pakistan, è la più giovane vincitrice del Nobel per la Pace: nel 2014 ha ricevuto, a soli diciassette anni, questo alto riconoscimento per il suo impegno a favore dei diritti delle donne e del diritto all'istruzione di bambini e bambine.

A quindici anni Malala è stata gravemente ferita in un attentato ordito dai talebani (i musulmani integralisti), infastiditi dalla sua attività di protesta contro il duro regime da loro imposto in Pakistan. Sopravvissuta all'attentato, è stata curata a Londra, dove vive e da dove continua la sua opera di sensibilizzazione per il diritto allo studio.

Il premio Nobel per la Pace può essere conferito anche a istituzioni, associazioni, enti e organizzazioni. Ecco alcuni esempi.

Il Comitato Internazionale della Croce Rossa ha vinto ben tre volte il premio Nobel per la Pace: nel 1917, 1944 e 1963. In tutto il mondo, l'associazione si occupa di assistere e curare le vittime di guerra e si batte per i diritti umani spesso calpestati nelle zone dei conflitti armati. Con uguale motivazione è stata premiata l'organizzazione Medici senza Frontiere nel 1999.

Nel 2001 il premio Nobel per la Pace è assegnato all'Organizzazione delle Nazioni Unite, che dal 1945 s'impegna a favorire un clima di pace tra gli Stati e a promuovere i diritti umani e lo sviluppo economico di molti Paesi.

Nel 2012 è l'Unione Europea la vincitrice del premio Nobel. Essa ha contribuito a sviluppare la riconciliazione, la pace e la democrazia tra i popoli europei.

INDICE

VIVIANA MAZZA

L'AUTRICE

È una giornalista del "Corriere della Sera" e scrive per la redazione esteri. È stata inviata in diversi paesi tra cui Siria, Iran, Iraq, Egitto, Pakistan, Nigeria. Nel 2010 ha vinto il Premio giornalistico Marco Luchetta dedicato ai bambini vittime della guerra. Per i ragazzi, ha pubblicato con Mondadori *Ragazze rubate, Storia di Malala, La storia di Malala raccontata ai bambini* e *Il bambino Nelson Mandela*.

©wolfango spaccarelli

PAOLO D'ALTAN

L'ILLUSTRATORE

Nato a Milano in un giorno di luglio del secolo scorso, quando aveva 8 anni si trasferì con i genitori nel verde della campagna varesina – tra campi e boschi – vicino all'omonimo lago, dove crebbe con due fratelli, gatti e cani. Diventato adulto, è tornato a Milano, dove vive con gatti, cane, moglie e figlia. Quasi autodidatta, ha illustrato per la pubblicità, per diverse riviste e quotidiani e un bel numero di libri per ragazzi; ha ricevuto numerosi premi, e disegna guardando dalle finestre il verde di un parco.